TENSES ARE MY TEACHER

PAST INDEFINITE

PRACTICE BOOK

M.R.P : ₹ 545/-

Copyright : L-144088/2024

Published On December 8, 2023

AMRITASHAAN

Name & Message

Name

A Practice Book For English Learners

TENSES ARE MY TEACHER - Vol.2
Practice Past Indefinite

Copyright Office Government of India
Registration Number : L-144088/2024
Author : Amritashaan

This self-published book has undergone thorough efforts by the author to ensure the accuracy of its content. Unauthorized usage or reproduction of any part of this book is strictly prohibited without the author's written consent.

The primary goal of this book is to offer learners valuable self-practice material for self-improvement.

Disclaimer: The author has crafted this book based on personal experiences and original ideas. All materials presented are innovative practice resources. It is important to note that this book does not adhere to any prescribed syllabus, although it is highly beneficial for English language learners seeking effective self-practice materials.

MY FAMILY

Life is a voyage made possible by the care you give! The entire My Book series pays gratitude to family, and may the spirits be filled with bliss for all.

In the memory of parents!

Welcome!

We're thrilled that you're keen on improving your language proficiency. Through straightforward and highly effective practices, you'll gain confidence in your English speaking abilities. Engaging in these exercises will not only familiarize you with the Second Form of Verb but also enhance your ability to use the correct verbs when conversing in English. Embrace the power of tense as your guide, turning it into your teacher to facilitate effective communication in English.

TABLE OF CONTENTS

TABLE OF CONTENTS

About The Author

Amritashaan, a seasoned book writer and self-motivator, possesses extensive experience in the realm of English language instruction. Her unique teaching approach has simplified language learning for countless individuals, shaping the proficiency of numerous native speakers. Having authored numerous books on English language mastery, Amritashaan stands as an accomplished IELTS trainer, contributing significantly to the language learning community. Her impactful presence extends to YouTube, where she shares valuable insights and inspiration through her channels. Engaging with her reading materials or utilizing the resources from her practices consistently provides an exceptional experience. In her small town, she is an esteemed educator and a well regarded woman, acknowledged for her dedicated contributions to the field of language learning.

OBJECTIVE

English has emerged as the primary means of communication for millions of people worldwide. It is employed daily to interact with friends, colleagues, and more. To actively participate in this global discourse, familiarity with English, including a grasp of its various tenses, is essential. The purpose of crafting this book is to:

- Foster a comprehensive understanding of the practical applications of English tenses.
- Facilitate independent practice for learners.
- Supply impactful materials for tangible improvement.
- Enhance proficiency in Hindi-English oral translation for effective English speaking.
- Enable native learners to converse fluently in English.

The second volume deals with PAST INDEFINITE.

PRACTICE WAY

- Tense के नियमों को ध्यान से पढ़ें।
- याद रखें कि आप जिस क्रिया को अभ्यास कर रहे हैं, वह मौलिक क्रिया होनी चाहिए।
- हिंदी पाठ को धीरे-धीरे पढ़ें।
- धीरे-धीरे क्रियाओं को सोचें।
- अब हिंदी संस्करण खोलें और पूरे पाठ का अनुवाद करने का प्रयास करें।
- दिए गए क्रियाओं की मदद लें।
- इसे मौखिक रूप से करें।
- अगले पृष्ठ पर अपने काम की जाँच करें।
- नियमित रूप से अभ्यास करें और आत्म-विश्वास से बोलें।

- Read the rules of Tense carefully.
- Remember the base verb you are going to practice.
- Read Hindi passage slowly.
- Think of verbs by and by.
- Now keep open Hindi version and try to translate the whole passage in English.
- Take help of given verbs.
- Do it orally.
- Check your work at next page.
- Practice and speak confidently.

UNDERSTAND PAST TENSE

समय जो बीत चुका है उसे भूतकाल या इंग्लिश भाषा में Past Tense कहते है।

Past Tense जरुरी नही की हम कोई बहुत पुरानी बात के बारे में बात कर रहे है। एक क्षण पहले बिता हुआ पल भी Past tense हो सकता है, निर्भर करता है की हम अपनी बात को कैसे व्यक्त करते है।

Past Tense का उपयोग बहुत ही आसान है, जरुरी है की आप उसकी पहचान को और उस के महत्व को समझे।

Past Tense को समझना आसान हो जाएगा यदि आप पहले अपनी भाषा में भूतकाल को समझ ले।

बीते समय की बात को भी चार ढंग से कहा जा सकता है। सबसे पहले ढंग की यहाँ बात करेंगे और उसी की प्रैक्टिस भी।

रोजाना बोलचाल में हम कभी अपने तो कभी किसी दूसरे के अनुभव बताते है।
जैसे : मैंने एक बच्चे को सड़क पर रोते देखा और उसकी मदद की।
या मेरे भाई ने एक नयी गाडी खरीदी और सब को घुमाने ले कर गया
या खिलाड़ीयो ने अंतिम ओवर में पूरा जोर लगाया और मैच जीत लिया।
या वैगनिको के अविष्कारों ने साडी दुनिया को आश्चर्यचकित कर दिया।

ऐसे वाक्यों को पढ़ कर सुनकर समझा जा सकता है की बीते समय की बात हुई है। यह बात नकारात्मक सेन्टेन्सेस में भी हो सकती है और प्रशन वाचक वाक्यों में भी।

जैसे : सोनू अभी घर नहीं आया, उस ने खाना नहीं खाया, मैंने नई मूवी नहीं देखी, मुझे टिकट नहीं मिले।

क्या माँ ने आराम किया? पिता जी ने तुम्हे क्या समझया ? दिवाली पर तुमने क्या ख़रीदा ? कछुए ने दौड़ कैसे जीती ? इत्यादि।

अब समय है इन वाक्यों की पहचान को समझने का। यदि आप देखे तो सभी वाक्यों का अंत **'आ, इ, ए'** से हो रहा है। इन वाक्यों के अंत में 'है' या 'था' का प्रयोग नहीं होता है।

'ता था, ती थी, ते थे, वाले वाक्य भी ऐसी क्षेणी के है पर उसके बारे में बाद में बात करेंगे।
'आ, इ, ए' के कुछ और उदहारण :-

मेरी बहन ने सब की मदद **की**। बच्चो ने शोर मचा**या**।
टीना ने क्लास अटेंड नहीं **की**। चोर ने सच नहीं बो**ला**।
वह क्यों **गया** ? क्या उसने सावधानी से गाडी चला**ई**?

इस तरह के वाक्यों को इंग्लिश में बोलना बहुत आसान है। जरुरी है की आपको इंग्लिश की तीन क्रियाओ का ज्ञान हो। अभी केवल दूसरी क्रिया means, **second form of verb** का knowledge जरुरी है।
Like : played, helped, wrote, went, forgave, understood, put, set, read etc.

<u>Positive Sentence Structure</u>
Rule : Subject + 2nd verb + Object

- You played football.
- I taught English.
- He helped the needy.
- My father guided me.
- Children plucked flowers.
- The sun set in the east.
- I read your mail yesterday.
- His performance won every heart.
- She decorated her room tastefully.
- The chairman took the decision wisely.

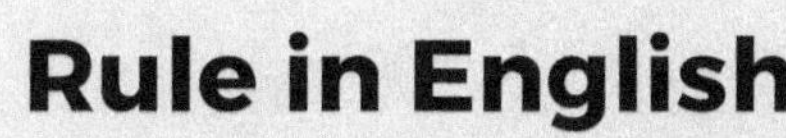 Rule in English

इस तरह के वाक्यों को इंग्लिश में बोलना बहुत आसान है। **'नहीं'** वाले वाक्यों को बोलने के लिए **did not + 1st verb** का प्रयोग होता है। हिंदी में समझना जरुरी है। जैसे - मैंने एक अद्भुत स्थान की यात्रा की। बच्चे अपनी छुट्टियों में नानी के घर गए।। इत्यादि

<u>Negative Sentence Structure</u>
Rule : Subject + did not + 1st verb + Object

- I **did not get** your message.
- You **did not return** my pen.
- He **did not paint** the wall.
- The child **did not finish** his food.
- The management **did not take** any decision.
- The learner **did not make** any mistake.
- It **did not rain** yesterday.
- The suggestion **did not work.**
- The government **did not construct** the road.

Rule in English

इस तरह के वाक्यों को इंग्लिश में बोलना बहुत आसान है। 'प्रश्न' वाले वाक्य **Did** से शुरू हो जाते है।
जैसे -क्या आपने कल मैच देखा था? आपने अपनी अंग्रेज़ी कैसे सुधारी? इस पुस्तक को किसने लिखा? आदि

Interrogative Sentence Structure
Rule : Did + Subject + 1st verb + Object?

- Did you read this story?
- Did you study history?
- Did children ask for toys?
- Why did you hurt her feelings?
- How did you forget your promise?
- Where did you lose your ring?
- What did you think about your future?
- Did you invite all to the party?
- Did you like this book for speaking practice?
- Did the child cross the road carefully?
- Why did you say him sorry?
- Did you like the taste of this food?

Rule in English

एक और बात समझना बहुत जरुरी है | जिस प्रकार 'ता है' "ती है" "ते है" वर्तमान समय के बारे में बताते है उसी तरह 'ता था' "ती थे "ते थे" बीते समय की पहचान है | ऐसे वाक्यों में **wanted to** and **used to** का प्रयोग होता है |

१. Wanted to का प्रयोग होता है जहां आप बताना चाहते है की आप कोई कार्य करना चाहते थे |

२. Used to का प्रयोग Past habit के लिए किया जाता है यानि जो काम आप भूतकाल में करते रहते थे या जो आपको आदत थी करने की। जहाँ तक used to की पहचान की बात है तो जो वाक्य या करता था, यी करती थी, ये करते थे से अंत होता है तो वहां used to का प्रयोग होता है।

Use of 'wanted to' & 'used to'
Rule : wanted to, used to + 1st verb

Wanted to & Used to + 1st Verb

- Joy wanted to play with his friends.
- My brother wanted to catch some butterflies from the garden.
- I wanted to hear a story from my grand mother.
- Children wanted to horse around all the time during their holidays.
- Joy used to play hide and seek with his friends in his childhood.
- Joy was lazy, he used to get late for his school.
- My sister used to read story books at her bed time.
- I used to count the stars at night when I was four years old.
- I used to go to school with my friends by school bus.
- My father wanted to start his own business in the start of his career.
- People in the past used to lead a carefree life.

मेरा नाम है **Joy**. मैं सात साल का छोटा बच्चा हूँ। मैं आपको इंग्लिश बोलने की प्रैक्टिस करवाऊंगा।

मैंने आपके लिए हिंदी में कुछ कहा है, अपने बारे में या फिर बहुत सारे विष्यों पर थोड़ा थोड़ा आसान हिंदी में कुछ लिखा है, आप उसे इंग्लिश में बोलने की कोशिश करे ! सभी बातो का translation भी आप को मिल जाएगा परन्तु translation check करने से पहले ईमानदारी से oral speaking की प्रैक्टिस करे।

आप अपनी सफलता पर खुद को शाबाशी जरूर देंगे।

My name is Joy. I am seven year old small child. I will make you practice Speaking English.

I have said something for you in Hindi. Either it is about me or I have written some thing on some topics in simple Hindi for you. You will
try to speak it in English. You will get translation of everything but before you check translation, you are expected to make speaking practice orally with honesty.

Your Successful Attempt Will Cheer You Up!

Practice Time 1

1. छोटा बच्चा मंदिर **गया** और ईश्वर की **प्रार्थना की।** (went, prayed)
2. मेरे पिता जी जमीन **खरीदी** और उस पर एक नया घर **बनाया।** (bought, constructed)
3. यहां बहुत तेज **बारिश हुई** और बच्चे छाता ले कर **घर से निकले।** (rained, came out)
4. मानव स्कुल **गया** और उसने एक नया सबक **सीखा।** (went, learnt)
5. कुश ने खेल आयोजन में **हिस्सा लिया** और दो ईनाम **जीते।** (took part, won)
6. मुझे तुम्हारा पत्र **मिला** और मुझे बहुत **ख़ुशी हुई।** (got, felt happy)
7. मां ने स्वादिष्ट **खाना पकाया**, हर किसी ने पेट भर **खाना खाया।** (cooked, took to fill)
8. अनु ने मधुर गाना **गाया**, वह **मशहूर हो गयी।** (sang, became famous)
9. मैने परीक्षा **पास की,** मैंने कक्षा में **प्रथम स्थान लिया।** (passed, took first position)
10. Joy को अपनी चाची से एक खिलौना **मिला** लेकिन खेलते समय उसने उसे **तोड़ दिया ।** (got, broke)

1. The small child **went** to a temple and he **prayed** to God.
2. My father **bought** a piece of land and **constructed** a new house on it.
3. It **rained** here very heavily and children **came out** of home with their umbrellas.
4. Manav **went** to home and he **learnt** a new lesson.
5. Kush **took part** in sports event and he **won** two prizes.
6. I **got** your letter and I **felt** very happy.
7. Mother **cooked** tasty dinner and everyone **took it to their fill.**
8. Anu **sang** a sweet song and she **became famous.**
9. I **passed** the test and I **took first position** in the class.
10. Joy **got** a toy from his aunt but he **broke** it while playing.

1. तुम्ने फूल **तोडे**, तुमने सूंदर फूलो का गुलदस्ता **बनाया।** (plucked, made)
2. मेरे मित्र ने मेरा **पक्ष लिया** और मुझे **जीता दिया।** (favoured, made me win)
3. वह बहादुरी से **लडा** और दुशमन को **भगा दिया।** (fought, run away)
4. सोनू मैच **हार गया** क्योकि वह बहुत बुरा **खेला।** (lost, played worse)
5. हमने एक अच्छी खबर **सुनी** की सोनू विदेश से **वापिस आ गया।** (heard, returned)
6. मैंने एक कहानी **पढ़ी** और अपने छोटे भाई को **सुनायी।** (read, told)
7. मैंने एक टूटता तारा **देखा** और एक **मनोकामना की।** (saw, made a wish)
8. अनु ने कागज़ की कश्ती **बनायी** और पानी में **तैरायी।** (made, floated)
9. कलाकार ने मोम की गुड़िया **बनायी** और उसमे **जान डाल दी।** (made, put life)
10. बच्चों ने इंद्रधनुष **देखा** और सात रंग **गिने।** (saw, counted)

1. You **plucked** flowers and you **made** a beautiful bouquet of the flowers.
2. My friend **favoured** me and he **made me win.**
3. He **fought** bravely and he made the enemy **run away.**
4. Sonu **lost** the match because he **played the worse.**
5. We **heard** a good news that Sonu **returned** from abroad.
6. I **read** a story and **told** it to my younger brother.
7. I **saw** a breaking star and I **made** my wish.
8. Anu **made** a paper boat and **floated** in water.
9. The artist **made** a doll of wax and **put life in it.**
10. Children **saw** the rainbow and **counted** the seven colors.

PRACTICE TIME 3

- एक चिड़िया मेरे बगीचे में **नहीं आयी** और एक सूंदर घोंसला **नहीं बनाया।**   (did not come, did not make)
- जोकर ने खेल **नहीं दिखाया** और किसी ने **तालिया नहीं बजायी।**   (did not show, clapped)
- खेल **खत्म नहीं हुआ** और कोई घर **नहीं गया।** (did not end, went)
- **बारिश नहीं हुई**, बच्चे बारिश में **नहीं खेले।**   (did not stop, did not play)
- सोनू ने खिलौना **नहीं माँगा**, माँ ने खिलौना **नहीं खरीदा।**   (did not demand, did not buy)
- अध्यापक ने नया पाठ **नही पढ़ाया**, आज मैंने नया कुछ **नही सीखा।**   (did not teach, did not learn)
- कछुए ने **आराम नही किया**, उसने दौड़ **नहीं हारी।** (did not take rest, did not give up)
- मेरे मित्र ने मेरी **मदद नहीं की**, मुझे **अच्छा नहीं लगा।** (did not help, did not like)
- राजा को स्थिति **समझ में नहीं आई** और उसने **न्याय नहीं किया।** (did not understand, did not do justice)

- A sparrow **did not come** to my garden and she **did not make** a beautiful nest.
- The clown **did not show** the game and no one **clapped**.
- The show **did not end** and no one **went** home.
- It **did not rain**, children **did not play** in the rain.
- Sonu **did not demand** a toy, his mother **did not buy** the toy.
- The teacher **did not teach** a new lesson, I **did not learn** anything new today.
- The tortoise **did not take rest**, he **did not give up**.
- My friend **did not help** me, I **did not like** it.
- The king **did not understand** the situation and he **did not do justice.**

- तुमने समय के मूल्य को **नहीं समझा**, तुमने जीवन की दौड़ **नही जीती।** (did not understand, did not win)
- मैने ताजमहल **नहीं देखा** क्योकि मै आगरा **नहीं गया।** (did not see, did not go)
- माली ने नए फूल **नहीं उगाये**, कोई मेरा बगीचा देखने **नही आया।** (did not grow, did not come)
- हालात ने उस का साथ **नहीं दिया**, उसने सफलता **नहीं देखी।** (did not favour, did not experience/see)
- गरीब भिखारी ने **भीख नहीं मांगी**, आज उस ने कुछ **नही खाया।** (did not beg, did not eat)
- सोनू ने **बस नहीं पकड़ी**, वह दिल्ली **नहीं पहुंचा।** (did not catch, did not reach)
- पिता जी ने तुम्हे **नही डांटा** क्योकि तुमने कुछ गलत **नहीं कहा।** (did not scold, did not say)
- मौसम में **सुधार नहीं हुआ** इसलिए खिलाड़ियों ने **मैच नहीं खेला** | (did not improve, did not play)

- You **did not understand** the value of time, you **did not win** the battle of life.
- I **did not see** the Taj as I **did not go** to Agra.
- The gardener **did not grow** new flowers, no one **came** to see my garden.
- The circumstances **did not favour** him, he **did not experience** success.
- The poor beggar **did not beg**, he **did not eat** anything today.
- Sonu **did not board** the bus, he **did not reach** Delhi.
- Father **did not scold** you as you **did not say** anything wrong.
- The weather **did not improve** so the players **did not play** the match.

1. क्या तुम ने चढ़ते सूरज को **देखा** और क्या तुमने ईश्वर की शक्ति को **समझा**? (see, understand)
2. क्या सभी सदस्यों ने मीटिगं **अटेंड किया**, क्या सभी किसी निर्णय पर **पहुंचे**? (attend, reach)
3. क्या बच्चे बारिश में **खेले**, क्या उन्होंने मौसम का **आनंद लिया**? (play, enjoy)
4. क्या तुमने बगीचे में खरगोश **देखा**, उसने कितनी गाजर **खायी**? (see, eat)
5. वह यहां कैसे **पहुंचा**, क्या उसने स्वयं रास्ता **ढूँढ लिया**? (reach, find out)
6. तुमने ये बैग कहाँ से **खरीदा**, यह तुम्हे कितने का **मिला** ? (buy, get)
7. उसने तुम से क्या **कहा**, क्या उसने साड़ी बात **बताई**? (say, tell)
8. कमरे में चाबी कौन **भूल गया**, अभी कमरे से बाहर कौन **गया**? (forgot, went)
9. गली के कुत्ते को खाना किस ने **खिलाया**, क्या उसने बिल्ली को भी **खिलाया**? (fed, feed)
10. कक्षा में कों **हंसा**, क्या अध्यापक ने उसे **डांटा**? (laughed, scold)

1. **Did you see** the rising sun and **did you understand** the power of God?

2. **Did** all the members **attend** the meeting, **Did they reach** any decision?

3. **Did** the children **play** in the rain, **did they enjoy** the weather?

4. **Did** you **see** rabbit in the garden, how many carrots **did he eat**?

5. How **did he reach** here, **did he find out** the way himself?

6. Where **did you buy** the bag from, how much **did you get** it for?

7. What **did he say** to you, **did he tell** you everything?

8. Who **forgot** a key in the room, who **went out** of room right now?

9. Who **fed** the street dog, **did he also feed** the cat?

10. Who **laughed** in the class, **did teacher scold** him?

1. इंग्लिश में तुमने कितने अंक **लिए**, क्या तुम कक्षा में **प्रथम आये**? (get, stand)

2. तुमने इस चुनौती का **सामना कैसे किया**, क्या तुमने अपने संघर्ष से कुछ **सीखा**? (face, learn)

3. सोनू को कौन सी ड्रेस सब से ज्यादा **पसंद आयी**, क्या तुमने वह उसके लिए **खरीदी**? (like, buy)

4. आज हमने नया क्या **सीखा**, क्या हमने अपना ज्ञान **बढ़ाया**? (learn, improve)

5. क्या तुम्हे मेरी **बात समझ आयी**, मैंने क्या **कहा**? (get, say)

6. घायल व्यक्ति को हॉस्पिटल किस ने **छोड़ा**, क्या उसे गंभीर चोट **लगी**? (dropped, get)

7. इतना सुंदर गाना किस ने **गाया**, उसने संगीत कहाँ **सीखा**? (sing, learn)

8. क्या तुमने उसे जाते हुए **देखा**, वह कहाँ **गया**? (see, went)

9. आज खाने में सब ने क्या **खाया**, क्या सभी को खाना **पसंद आया**? (eat, like)

10. कहानी के अंत में **क्या हुआ**, कौन राजा **बना**? (happened, became)

1. How many marks **did you get** in English, **did you stand** first in the class?
2. How **did you face** this challenge, **did you learn** anything from your struggle?
3. Which dress **did Sonu like** the most, **did you buy** it for him?
4. What new **did we learn** today, **did we improve** our knowledge?
5. **Did you get** me, what **did I say**?
6. Who **dropped** the injured person at hospital, **did he get** serious injury?
7. Who **sang** such a sweet song, where **did he learn** music?
8. **Did you see** him going, where **did he go**?
9. What **did everyone take** in dinner today, **did everyone like** the food?
10. What **happened** at the end of the story, who **became** the king?

- Past Indefinite
- Make use of 2nd form of verb
- Negative sentences take 'did not + 1st form of verb'
- Interrogative sentences take 'Did + subject + 1st verb + object?'
- There is no use of 'was or were'. Like : A common mistake learners do is a sentence like, "**My brother was take tea. or He was go to school.**"
- **'WAS'** is a past tense for them and they use it to express everything. but need to understand that there is no use of 'was' with 2nd verb.

'Did' always take 1st form of verb. Did is used in negative or Interrogative sentences!

में Joy हूँ। कल मैं अपनी छोटी बहन के साथ पार्क गया। हम ने वहाँ बहुत से बच्चो को खेलते देखा। मैं अपनी बहन को मच्छलीयो के तालाब के पास ले गया। सुनहरी मच्छलीयो को देखकर वह बहुत खुश हुई। हम थोड़ी देर वहाँ बैठे और मच्छलीयो को दाना डाला। बहुत सी मछलियाँ चारा लेने के लिए तैरकर आ गईं। कई मछलियाँ सुनहरे रंग की थीं। फिर हम ने सुंदर फूलो को देखा, झूले लिए और घर वापिस आ गए।

Verb list

went, saw, took, felt, sat, fed, swam up, were, saw, enjoyed, came back

I am Joy. I went to a park with my younger sister yesterday. There we saw many children playing. I took my sister to a pond of fish. She felt extremely happy to see the golden color fish. We sat there for sometime and fed the fish. Many fish swam up to take the feed. Many of the fish were of golden color. Then we saw the beautiful flowers. enjoyed the swings and came back home.

Make Sentences

park, pond, golden, feed, beautiful, swings

इंग्लिश बोलो

में **Joy** हूँ। आज मैं स्कुल नहीं गया क्योकि मैं सुबह जल्दी नहीं उठा। माँ ने मुझे सुबह नहीं उठाया। पिताजी ने सैर पर जाने को नहीं कहा। मैंने घडी में समय भी नहीं देखा। किसी ने मुझे फ़ोन भी नहीं किया। मेरे पालतू कुत्ते ने भी मेरी चादर नहीं खींची। सूरज भी बदलो के पीछे से नहीं निकला। सच बात तो ये है की आज मैंने कोई सच नहीं बोला।

Verb list

did not go, did not get up, did not wake up, did not ask, did not see, called, did not pull, did not appear, did not speak

I am Joy. I did not go to school today because I did not get up early in the morning. My mother did not wake me up early. My father did not ask me to go for a walk. I did not even see time in a watch. No one even called me. My pet dog did not pull my bed sheet. The sun did not appear from behind the clouds. The fact is that I did not speak any truth today.

1. What lie Joy told right now?
2.   Did you tell any lie today?
3. What lie your friend told you?

A lie has no legs to stand on!

चलिए अब
प्रैक्टिस के लिए तैयार हो जाइये।

आप को आगे दिए गए सभी paragraph को एक एक करके पहले हिंदी में पढ़ना है और साथ में उस को मौखिक रूप से इंग्लिश में बोलने की कोशिश करनी है। क्योंकि सभी paragraph एक ही Tense / काल में लिखे गए है, 38 paragraphs प्रैक्टिस करते करते आप इस Tense को बेहतर ढंग से समझ पाओगे और आसानी से बोल पाओगे।

मुझे बहुत भूख लगी | दोपहर के भोजन का समय ख़त्म हो चुका था| मैं रसोई में गया और वहां बक्सों की तलाशी ली| सौभाग्य से मुझे ताजा बेक्ड केक से भरा एक कंटेनर मिला। मैंने उसे खोला और बड़े चाव से खाने लगा| मैं इतना भूखा था कि मैंने आधे से ज्यादा केक खत्म कर लिया। जब मेरी माँ ने मुझे देखा तो चिल्लाई, "तुमने बहुत जयादा खाया |"

Felt, was over, searched, found, opened, started eating, finished, saw, shouted, ate

Speak English - 1

I felt very hungry. The lunch time was over. I went to kitchen and searched the boxes there. Luckily I found a  container full of freshly baked cake.

I opened it and started eating it greedily. I was on such an empty stomach that i finished more than half of the cake. When my mother saw me, she shouted, "You ate like a horse."

Make Sentences
Luckily, Freshly, Greedily

Did you ever eat like a horse on your empty stomach?

शाम का समय था। छुट्टी का दिन था। मैं घर पर था। तभी मेरा फ़ोन बजा। मेरे दोस्त में मुझे फ़ोन किया। उसने मुझे पास के खेल के मैदान में बुलाया। मैं वहा चला गया। जब मैं वहाँ पहुंचा, मैने देखा वहा पर कोई नहीं था। परन्तु वहाँ पर कोई नही था। उस ने मेरे साथ मजाक किया। यह अच्छा एक कार्य नहीं था। मुझे यह बात पसंद नहीं आयी।

It was evening time. It was a holiday. I was at home. Suddenly my phone rang. My friend called me. He called me to the nearby play ground. I went there. When I reached there, I saw, there was no-one. He played a prank on me. It was not a good act, I did not like it.

Prank : **gag, trick, antic, practical joke, horseplay**

Did you ever play any prank on anyone?

इंग्लिश बोलो - 3

सोनू घर पर अकेला था। उसने एक आवाज़ सुनी और वह डर गया। आवाज़ ज्यादा तेज नहीं थी, पर वहा कुछ था।

वह डरे कदमो से आगे बड़ा। उसने दरवाजा खोला और देखा, वहाँ दरवाजे पर एक बिल्ली थी। बिल्ली ने खिड़की पर छलाँग लगा दी। वह हॅसने लगा और बिल्ली वहा से भाग गयी।

was, heard, got scared, was not, was, moved ahead, opened, was, started laughing, ran away

Sonu was alone at home. He heard a sound and he got scared. The sound was not very sharp but there was something.

He moved ahead with scared steps. He opened the door and saw, there was a cat at the door. The cat leaped onto the windowsill. He started laughing and the cat ran away from there.

Make Sentences :
Sharp sound, , leaped onto,
Scared steps, windowsill

मैं कल बाजार गया। वहाँ मैंने एक रेशमी सूट देखा। मैंने दुकानदार को और सूट दिखाने को कहा। उसने मुझे कुछ सूती सूट भी दिखाए।

मैंने अपनी माँ के लिए चार सूट खरीदे। मुझे सभी सूट अच्छे दाम पर मिल गये। मैंने माँ को सूट दिया और माँ ने मुझे आशीर्वाद दिया। माँ ने कहा जीवन में और उन्नति करो और अच्छे इन्सान बनो। **अपने प्रियजनों को उपहार देने में बहुत खुशी होती है।**

went, saw, asked, showed, bought, got, gave, gave blessings, asked to progress

I went to market yesterday. There I saw a silk suit. I asked the shopkeeper to show me more suits. He showed me some cotton suits. I bought four suits for my mother. I got all the suits at reasonable cost. I gave the suits to my mother and she gave me blessings. My mother asked me to progress more in life and be a noble man. There is a great happiness in giving gifts to our dear ones.

Make Sentences :
shopkeeper, reasonable cost

जब मैं काफी छोटा था तब मैं अस्वास्थ्यकर आहार लेता था। जब मैं आठ साल का हुआ, तब तक मेरा शरीर पूरी तरह से बेकार हो चुका था।

एक दिन मैं बीमार था और मेरे कदमो में कोई जान नहीं थी, तभी मेरे पिता ने मुझे रोजाना साइकिल चलाने की आदत अपनाने की सलाह दी। दिनचर्या में बदलाव ने मुझे नई जिंदगी दी और आज मैं पूरी तरह से स्वस्थ्य हूं।

Speak English - 5

I used to take unhealthy diet when I was quite young. By the time I grew eight year old, I was totally out of shape. One day I was under the weather and had no spring in

my steps when my father's advised to adopt the habit of cycling daily. The change in routine gave me a new lease on life and today I am a picture of health.

Know The Meaning
Out of shape - bad body shape
Spring in steps - Full of energy
Give a new lease on life - a chagne in mental atitude

उस दिन मेरी मां मुझे चिल्ड्रन क्लब ले गईं | वह चाहती थी कि मैं तैराकी प्रतियोगिता में भाग लूं। मैं तैरना तो जानता था लेकिन प्रतिस्पर्धा करने की प्रवृत्ति मुझमें नहीं थी। दौड़ शुरू हुई |

सभी ने अपनी सर्वश्रेष्ठ ऊर्जा का प्रदर्शन किया। मुझे ऐसा महसूस हो रहा था मानो बिन पानी की मछली हो। मैंने खुद को धीमी गति पर रखा लेकिन मेरी मां चाहती थीं कि मैं अपने खेल का अच्छा प्रदर्शन करू |

took, wanted, knew, did not
have, started, exhibited, felt,
kept, wanted, step up

My mother took me to Children's club that day. She wanted me to participate in swimming competition. I knew how to swim but I did not have the instinct to compete. The race started. All exhibited their best energy. I felt like fish out of water. I kept myself at a slow pace but my mother wanted me to step up my game.

Know the Meaning

Fish out of water - Feeling uncomfortable

Step up game - Improve your performance

कल मेरी पहली परीक्षा थी। मैं थोड़ा घबराया हुआ था। परीक्षा ठीक दस बजे शुरू हुई। कांपते हाथो से मैंने परीक्षा पत्र लिया। चहरे की मुस्कराहट तब वापिस आयी जब मैंने सभी प्रश्न देखे। सभी प्रश्न मेरे लिए आसान थे क्योकि मैने सारा साल मेहनत की। परीक्षा दो घंटे चली और मैंने सभी प्रश्नो का उत्तर दिया। मेरी मेहनत रंग लाई।

was, was, started, took, returned, checked, were, worked hard, last, answered, paid off

Speak English - 7

It was my first test yesterday. I was a little nervous. The exam started sharp at ten. I took my question paper with trembling hands. The smile of the face returned when I checked all the questions. All the questions were easy for me because I worked hard for the whole year. The test last for two hours and I answered all the questions. My hard work paid off.

Make Sentences : Nervous, Tremble, Smile, Hard work, Pay off

कल मैंने एक लेख पढ़ा। लेख का नाम था 'आधुनिक विज्ञान'। उस लेख से मुझे कई नयी बातो का पता चला। मुझे पता चला की सूरज एक सितारा है। वह धरती से करोड़ो मील की दूरी पर है। मैंने जो भी पढ़ा, जो भी देखा सब मेरे लिए नया था। सेब ज़मीन पर क्यों गिरा वह आकाश की तरफ क्यों नहीं उड़ा, यह जानकारी मेरे पास नहीं थी। मैंने सभी जरुरी सुचनाये अपनी डायरी में लिखी।

read, was, came to know, got to know, is, read, saw, was, did fall, did not fly, did not have, wrote

I read an article yesterday. The name of the article was 'Modern Science'. I came to know many new things from the article. I got to know that the sun is a star. It is at the distance of millions of miles from the earth. What ever I read or I saw, everything was new to me. Why did the apple fall on the ground, why it did not fly towards the sky, was the knowledge that I did not have. I wrote all important information in my diary.

What are the five important things do you know about the universe?

हमारे कॉलेज ने कल एक सामाजिक कार्य का कारकर्म आयोजित किया। मैं भी वहाँ उपस्थित था। मैने सभी गतिविधियों में जोर शोर से भाग लिया और अपने जूनियर्स को भी प्रोत्साहित किया। प्रिंसिपल ने हमारे सभी कार्यो की सराहना की। मुझे बहुत ख़ुशी हुई जब उन्होने सब के सम्मुख मुझे विशेष प्रशंसा पत्र दिया। स्कूल और कॉलेजों में सांस्कृतिक गतिविधियों में भाग लेना अच्छा है।

Speak English - 9

Our college organised an event on Social Work yesterday. I too was present there. I participated in all the activities enthusiastically and I also encouraged my juniors. Our principal appreciated our work / efforts. I felt extremely happy when he gave me a special letter of appreciation in front of others. It is good to take part in cultural activities in school and colleges.

Make Sentences
Enthusiastically and extremely

What are the two important things you did for your society?

मैंने गर्मी की छुट्टियों का आनंद लिया| मै अपने गांव वाले घर गया | मेरा मन ख़ुशी से उछल पड़ा जब वहाँ मै अपने दादा दादी से मिला | उन्होंने दिल से मेरा स्वागत किया | मैं उनकी देहाती सादगी से भी प्रसन्न हुआ। एक दिन मेरे चचेरे भाई ने नदी में नाव चलाने का प्रोग्राम बनाया| नाव चलाने में बहुत ज़ोर लगा | यह मेरे लिए एक नया अनुभव था | यह कितनी शानदार गर्मी की छुट्टियाँ थीं! सबसे दिलचस्प बात यह है कि यह गाँव शहरी शोर-शराबे से मुक्त था।

enjoyed, went, leapt, saw, welcomed, pleased, made, took, was

I enjoyed my summer vacation. I went to my village home. My heart leapt with joy when I saw my grandparents. They welcomed me heartily. I was pleased with their rustic simplicity. One day my cousin made a program of boat riding in a river. It took great strength to row a boat. It was a new experience for me. What a splendid summer vacation it was ! The most interesting thing is that the village was free from urban noise.

Make Sentences
Rustic simplicity, Urban noise

What made your heart leap with joy in your summer vacation?

यह मेरा पसंदीदा बोर्ड गेम था। मेरे पिता ने इसे मेरी बहन और मेरे लिए बाजार से खरीदा। लेकिन दुर्घटनावश हमने

इसके कुछ ब्लॉक खो दिए। हमने इसकी चिंता नहीं की | हमने इसकी तलाश करने की कोशिश नहीं की| एक दिन हमें एहसास हुआ कि कई ब्लॉक गायब थे और अब गेम खेलना संभव नहीं था | मुझे याद है, मेरी माँ हमेशा कहती है, **"समस्याओं को बड़ा होने देने से बेहतर है कि उनसे तुरंत निपटा जाए|"**

bought, lost, did not bother, did not try, realized, says,

It was my favourite board game. My father bought it from the market for my sister and me. But accidently we lost some of its blocks. We did not bother about it. We did not try to look for it. One day we realized that many blocks were missing and now playing the game was not possible. I remember, my mother always says, **"Stitch in time, saves nine."**

Make Sentences
Stitch in time, saves nine.

Do you take proper care of your things and believe in stitch in time, saves nine?

रविवार का दिन था। मैं अपने घर के पास एक बगीचे में गया। वहां खिलेफूलों को देखकर मैं आश्चर्यचकित हो गया | उससे ज्यादा खूबसूरत कुछ नहीं हो सकता | मैं गुलाब के पास गया और उसकी पंखुड़ियों को छुआ। फूल की खुशबू, कोमलता, रंग ने मुझे अपनी माँ की बात याद दिला दी, "जीवन की सुंदरता का आनंद लेने या उसकी सराहना करने के लिए अपने व्यस्त कार्यक्रम से समय निकालें।"

went, got surprised, could be, went, touched, made me remember,

Speak English - 12

It was Sunday. I went to a garden near my house. I got surprised to see the flowers in bloom there. Nothing could be more beautiful than that. I went to a rose and touched its petals. The fragrance of flower, the softness, the color made me remember of my mother's saying, "Take time to smell the roses."

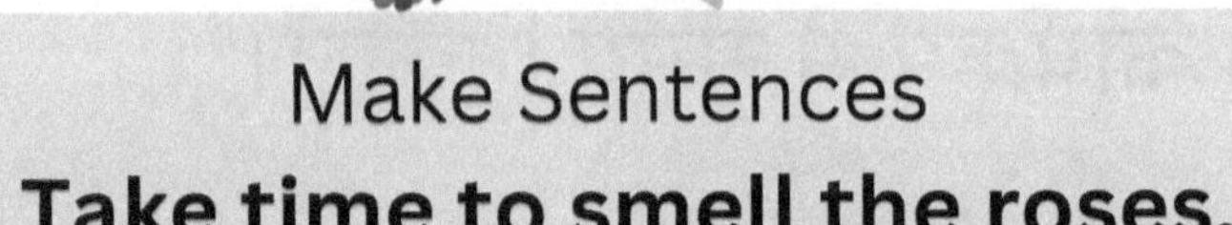

Make Sentences
Take time to smell the roses.

Where and when did you enjoy beautiful nature last time?

इंग्लिश बोलो - 13

स्कूल बस लेट थी| जॉय बस स्टॉप पर था| उसने एक कोने में एक कमजोर कुत्ते को बैठे हुए देखा। वह इतना कमजोर था की चल नहीं पा रहा था।शायद वह भूखा था और भूख से मर रहा था। जॉय को उस पर दया आ गई। उसे अपनी मां की बात याद आई, **"अगर तुम्हें कोई जरूरतमंद दिखे, तो मदद करो।"** उसके लंच बॉक्स में तीन रोटियाँ थीं। उसने भूखे कुत्ते को दो रोटियां दे दी | कुत्ते ने उन्हें ख़त्म करने में देर नहीं लगाई| जॉय ने साबित कर दिया कि वह दयालु लड़का है |

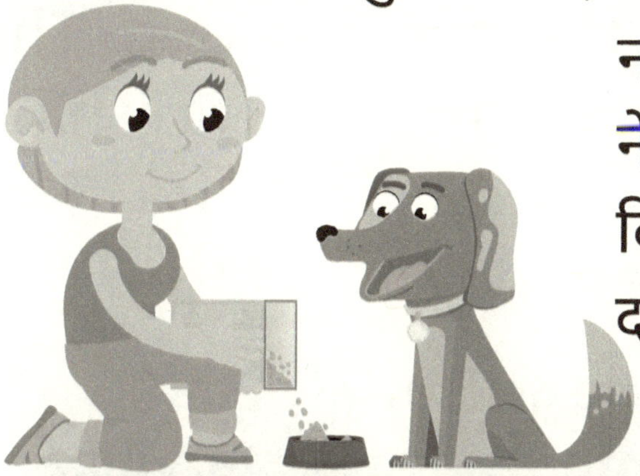

was, was at, saw, starving, took pity, remembered, help, gave, did not take, proved

The school bus was late. Joy was at bus stop. He saw a feeble dog sulking in a corner. He was too weak to walk. Perhaps he was hungry and starving. Joy took pity on him. He remembered his mother's saying, "Help if you see someone in need." He had three chapaties in his lunch box. He gave two to the starving dog. The dog took no time in finishing them. Joy proved that he was compassionate boy.

Make Sentences
Feeble, Compassionate, starving, took pity

When did you do an act of compassion or charity?

लिली मेरे पड़ोस में रहती थी |
हम अलग अलग स्कुल में थे |
वह मेरी अच्छी दोस्त थी पर
हम बहुत कम मिल पाते थे |
एक दिन वह मेरे घर आई और
उसने बताया की उसने एक नए
स्कुल में दाखिला लिया और

वह कल से नए स्कुल जाएगी | वह खुश थी और मैंने उसे बधाई दी | मेरी ख़ुशी का ठिकाना तब नहीं रहा जब मैंने उसे अगले दिन अपने स्कुल में और अपनी ही कक्षा में देखा |

Lily lived next door to me. We were in different schools. She was my good friend but we met once in a blue moon. One day she came to my house and told that she took admission in a new school and she would go to the new school from tomorrow. She was happy and I congratulated her. My happiness knew no bounds when I saw her the next day in my school and in my own class.

VOCABULARY

Once in a blue moon - very rarely
Joy know no bounds - extremely happy

What you do once in a blue moon?

देर रात का समय था जब मेरा फ़ोन बजा | मैंने समय देखा, रात के दो बजे थे | मैं फ़ोन नहीं उठाना चाहता था परन्तु मैंने उठा लिया | मैंने पूछा कौन है और उत्तर मिला गलत नंबर | मैं उस व्यक्ति से नाराज़ नहीं हुआ | एक कारण था मेरे पास नाराज़ ना होने का | उस थोड़ी सी देर में मैंने ना जाने क्या क्या बुरा सोच लिया | वह केवल एक गलत नंबर था, मैंने सुख की सांस ली क्योंकि कम से कम कोई बुरी खबर नहीं थी | **नकारात्मक विचार हमारी ऊर्जा को ख़त्म कर देते हैं |**

It was late at night when my phone rang. I checked the time, it was two at night. I did not want to attend the call but I picked it up. I asked who was there and got a reply that it was a wrong number. I did not get angry with the person. There was a reason for me not to get angry. I do not know what worse I anticipated in the little while. It was just a wrong call, I heaved a sigh of relief that at least there was no bad news. **Negative thought drain us of our energy.**

Make Sentences
Sigh, Anticipate

Did you ever face a situation when you heaved a sigh of relief?

जैक मेरा छोटा भाई है | वह छोटी छोटी बात से नाराज हो जाता है | उसके पास एक सुंदर पेंसिल है, कल मैं उस से लिखने लगा और वह मुझ से नाराज हो गया | मैंने सोचा उसे मनाना आसान होगा पर उसने मुझे नानी याद दिला दी |

मैं असमंजस में था कि क्या करूं | मेरी हर चाल विफल रही| आख़िरकार मैं उसे खुश करने के लिए एक नई और अधिक सुंदर पेंसिल लेकर आया |

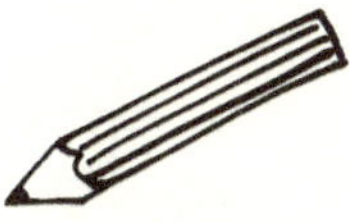

Jack is my younger brother. He gets angry over trifles. He has a beautiful pencil, yesterday I started writing with it and he got angry with me. I thought it would be a piece of cake to bring him round, but he reminded me of the palmy days.

I was at my wit's end what to do. My every trick got defeated. Finally I came up with a new and more beautiful pencil to please him.

Make Sentences
Piece of cake, palmy days, at my wit's end

When did you get angry with your sib?

मैं उस दिन थोड़ा व्यस्त था | मेरी बहन मुझे अपने दौरे के बारे में बताना चाहती थी। उसे चीजों को विस्तार से बताने की आदत है। वह मुझे हर छोटी से छोटी बात बताती रही। मैं उसकी बात सुनने के लिए अनमना था। मैंने उसे संक्षेप में बताने का अनुरोध किया | उसे यह बुरा लगा और उसने यह कहकर समाप्त किया कि यह एक अच्छी यात्रा थी। फिर उसने मुझ से सारा दिन बात नहीं की |

I was a bit occupied that day. My sister wanted to tell me about her tour. she is in the habit of telling things in detail. She kept telling me every minute detail. I was half mined to listen to her. I requested her to cut the long story short. She took it ill and she ended by saying that it was a good trip. Then she did not talk with me the whole day.

...

Make Sentences

Half minded, cut long story short, take it ill

What you did half minded recently?

भूख सब कुछ करवा देती है | बात तब की है जब मैं और मेरी बहन घर पर अकेले थे और कुछ खाने का मन हुआ। जूलिया ने उसके लिए नूडल्स बनाने की मांग की। मैं, जो मुश्किल से रसोई का रास्ता जानता था, मैंने उसकी मांग पूरी करने की जिम्मेदारी ली। सौभाग्य से मुझे रसोई में मैगी का एक पैकेट भी मिल गया। रैपर पर पूरी रेसिपी मौजूद थी। मैंने बस चरणों का पालन किया और परिणाम बढ़िया रहा।

Hunger makes you do everything. It was when I and my sister were alone at home and felt like eating something. Julia made a demand to make noodles for her. I, who hardly knew the way to kitchen, took it my responsibility to fulfill her demand. Luckily, I also found a packet of Maggie in the kitchen. The complete recipe was there on the wrapper. I simply followed the steps and the result was yum.

Make Sentences
Hunger, demand, responsibility, packet, recipe, step, result

जॉय उस दिन कुछ उदास था | उसके स्कुल में खेल प्रतियोगिता थी | वह फुटबाल टीम का गोलकीपर था | वह स्कुल ग्राउंड में समय पर पहुँचा | उसके बहुत से मित्र वहा पहले से ही उपस्थित थे | कोच ने सभी को प्रैक्टिस करवाई | जॉय अपना बेस्ट देना चाहता था | परन्तु प्रैक्टिस के समय गोल रोकने के लिए उसने ऊँची छलांग लगाई और उसके पाँव में मोच आ गयी | डॉक्टर ने उसके पाँव में प्लास्टर लगा दिया और उसे एक सप्ताह आराम करने की सलाह दी | दुर्घटनाएँ और चोटें बिन बुलाए आती हैं।

Joy was a bit sad that day. There was a Sport's Day in his school. He was the goal keeper of football team. He reached the school ground in time. Many of his friends were already present there. The coach made all of them practice. Joy wanted to give his best. But he jumped high to save the goal at the time of practice and he got a sprain in his foot. The doctor plastered his foot and advised him to take rest for a week. Accidents and injuries come uninvited.

Joy **wanted to** give his best in the match. Tell three things that you **wanted to** do yesterday.

बात उस समय की है जब मैं चार बरस का था | माँ ने मुझे सबह जल्दी उठाया और तैयार किया | मुझे पहनने को नई पोशाक दी गयी | मुझे एक सुंदर बस्ता भी दिया गया जिसमे एक कायदा था| मैंने देखा सब प्रसन्न थे | मेरे पिता जी ने मुझे गोद में लिया और स्कुल ले आये | एक मुसकराते चहरे ने हमारा स्वागत किया | वह मेरी पहली अध्यापिका थी | वह मुझे एक सुंदर कमरे में ले आयी, जहां रंग बिरंगे खिलोनो ने मेरा मन मोह लिया और मै सपनो की दुनिया मै खो गया | इसी दौरान पिता जी वहां से खिसक लिए और मैंने अपने को अजनबियों की दुनिया में अकेले पाया | स्कूल का पहला दिन भूलना मुश्किल है |

Speak English - 20

It was when I was four years old. My mother woke me up early and got me ready. She gave me a new dress to wear. She also gave me a beautiful satchel and there was a primer in it. I noticed, everyone was happy. My father took me in his lap and took me to a school. One smiling face welcomed us. She was my first teacher. She brought me to a beautiful room where multi-colored toys fascinated me and I was lost in the world of dreams. In the mean time my father slunk away from there and I found myself all alone in the world of strangers. It is difficult to forget the first day of school.

Make Sentences
Satchel, Primer, Lap, Dream, Stranger

मैं पैदल स्कूल जाता था क्योंकि मेरा स्कूल मेरे घर के बहुत करीब था। एक दिन मेरी बहन ने मेरे साथ चलने की जिद की | मैं अंदाजा नहीं लगा सका की कितनी बड़ी समस्या है | स्कूल का रास्ता दस मिनट का था लेकिन उस दिन मुझे यह दूरी तय करने में एक घंटा लग गया। क्योंकि रास्ते में, मेरी बहन पेड़ों पर पक्षियों को गिनना और झाड़ियों पर उड़ती तितलियों को पकड़ना चाहती थी। वह सड़क पर पिल्लों के साथ दौड़ लगाना चाहती थी या घास के मैदानों में खरगोशों के साथ लुका-छिपी खेलना चाहती थी। मुझे अच्छी तरह याद है कि उस दिन स्कूल देर से आने पर मुझे क्या सज़ा मिली थी।

used to go, insisted, could not judge, took, wanted to count, wanted to catch, wanted to run, wanted to play, remember, got

I used to go to school by walk as my school was very near to my place. One day my sister insisted to go with me. I could not judge the elephant in the room. The journey to school was of ten minutes but that day it took me an hour to cover the distance. Because on the way my sister wanted to count the birds in the trees and catch butterflies flying over the bushes. She wanted to race with puppies on the road or play hide and seek with rabbits in the meadows. I remember vividly what punishment I got that day for coming late to school.

Would you please tell ...
How you used to go to school in your childhood?

दोस्तों के साथ घूमने का दिन था| जगह थी फन सिटी वॉटर किंगडम | मेरे दोस्तों ने मुझसे पानी में कूदने और मजा लेने के लिए कहा। मैंने सोचा कि पानी पर तैरना आसान होगा। यह कोई मुश्किल कार्य नहीं है |

इसीलिए मैं पानी में उतर गया | जैसे ही मैंने अंदर कदम रखा, मेरा संतुलन बिगड़ गया और मैं पानी में गिर गया और मेरा दम घुटने लगा। हालाँकि खड़े होने में मदद के लिए दोस्त मौजूद थे, लेकिन यह मेरे लिए एक डरावना अनुभव था।

> was, asked, thought, is, went down, stepped in, lost balance, fell down, had, were, to help me stand, was

It was a day for outing with friends. The place was Fun City Water Kingdom. My friends asked me to jump into water and enjoy the fun. I thought it would be easy to float on water. It is not a rocket science. That is why I went down in water. As I stepped in, I lost the balance and fell into water and had choking sensation. Though friends were there to help me stand but it was a scary experience for me.

Make Sentences
Rocket science, choking sensation, scary experience

मेरी माँ ने मुझे स्कूल में छाता ले जाने के लिए कहा क्योंकि उस दिन बादल छाए हुए थे। मैंने उसकी बातों पर ध्यान नहीं दिया | घर लौटते समय मैंने पाया कि मैं भारी बारिश में फँस गया हूँ। मेरे पास कोई

छाता नहीं था | मैंने देखा कि लोग घूम रहे थे और हाथों में छाता लेकर बारिश का आनंद ले रहे थे। छोटे-बड़े पशु-पक्षी भी पत्तों की शरण में थे | पत्तियाँ ही उनका छत्र थीं। घर पहुँचते-पहुँचते मैं पूरी तरह भीग गया। मेरी खूबसूरत छतरी ने मुझे घूरकर देखा और मेरी मूर्खता पर हंसी |

asked, paid no heed, found, was caught, had, saw, were, reached, drenched, frowned, laughed

My mother asked me to carry umbrella to school as it was a cloudy day. I did not pay heed to her words. On way back home, I found myself caught in a heavy rain. I had no umbrella with me. I saw people moving around and enjoying the rain while holding umbrella in their hands. Even small and big birds and animals were under the shelter of leaves. The leaves were their umbrella. I got fully drenched by the time I reached home. My beautiful umbrella looked at me, frowned and laughed at my stupidity.

Two Ways to Say

It was a rainy day.
The sky was overcast with clouds.

मैं अपनी माँ के जन्मदिन पर उनके लिए केक बनाना चाहता था। मेरी माँ का पसंदीदा स्वाद स्ट्रॉबेरी है और मैं भाग्यशाली था क्योंकि यह स्ट्रॉबेरी का मौसम था। मैं हमारे बगीचे में गया और कुछ स्ट्रॉबेरी

तोड़ लाया। मैंने अपने घर के सामने बाजार से आवश्यक सामग्री खरीदी। मैंने सारी सामग्री एक कटोरे में डाल दी। मैंने उन्हें अच्छे से फेंटा | अंडे तोड़ना मेरे लिए कठिन था और मेरे भाई ने मेरे लिए यह किया। मैंने बैटर बनाना समाप्त कर लिया और फिर मैंने इसे बेक करने के लिए ओवन में रख दिया। आधे घंटे बाद मैंने टेस्ट किया और चखा तो यह तैयार था। मैं एक काफी स्वादिष्ट केक बनाने में कामयाब रहा जो नरम और काफी स्वादिष्ट था।

I wanted to bake a cake for my mother on her birthday. My mother's favourite flavour is strawberry and I was in luck because it was strawberry season. I went to our garden and plucked some strawberries. I bought the required ingredients from the market in front of my house. I put all the ingredients in a bowl. I whipped them well. Cracking eggs was difficult for me and my brother did it for me. I finished making the batter then I put it in the oven to bake. After half an hour I tested and tasted, it was ready. I managed to produce a fairly delicious cake that was soft and fairly flavoured.

छुट्टियाँ दो सप्ताह पहले शुरू हो गईं। मैं छुट्टियों की मौज-मस्ती के लिए उत्साहित था। मैंने अपना काम समय पर पूरा कर लिया क्योंकि मैं अपनी किताबें अपने साथ कहीं भी नहीं ले जाना चाहता था। मैं अपनी मां के साथ आसपास की जगहों पर गया और बीच-बीच में मेरे चचेरे भाई भी हमसे मिलने आए। मुझे इस बात से निराशा हुई कि हमारी छुट्टियों की योजना अनिश्चित थी क्योंकि मेरे माता-पिता के पास अपने कार्यालय से समय नहीं था। इसी दौरान उन्होंने मुझे किसी हॉबी क्लास में डालने का फैसला किया, जिससे सचमुच मैं बहुत अप्रसन्न हुआ।

The holidays started two weeks back.I was excited for the holiday fun. I completed my work in time as I did not want to carry my books with me anywhere. I had been to nearby places with my mother and even my cousins also paid us a visit in between. What made me upset was that our holiday plan was up in the air because my parents had no time from their office. They decided to put me in some hobby class by the time which literally reduced me to tears.

Know The Meaning

Pay a visit - to visit someone

Up in the air : uncertain

Put in - admit

Reduced to tears - made unhappy

अभिमान का पतन होता है यह एक और सबक है जो मैंने उस दिन सीखा। मैं अपनी स्कूली शिक्षा के दौरान अच्छे अंकों से उत्तीर्ण होता था। मैं असमंजस में रहता था कि कोई भी मुझे किसी भी चीज़ में हरा नहीं सकता। स्थानीय पब्लिक क्लब ने भाषण प्रतियोगिता का आयोजन किया | यह मेरे लिए बहुत ही आसान था।' अहंकारी होने के कारण मैंने घोषणा कर दी कि मैं ही विजेता बनूँगा। मुझे उस दिन के लिए स्वयं को तैयार करने के लिए कोई प्रयास करना आवश्यक नहीं लगा। मैं आत्मविश्वास से भरा था | यह मेरी बारी का समय था | मैं मंच पर था और मेरे सामने माइक था। मुझे बोलने के लिए एक विषय मिल गया | मैं शून्य हो गया, मुझे बोलने का कोई विचार नहीं आया, मेरी जीभ बंध गई। मेरे अपने अहंकार ने मुझे हरा दिया।

Learnt, used to pass, used to have, organised, announced, did not find, was, got, went blank, did not get, got tied, defeated

Speak English - 26

Pride hath a fall is another lesson that I learnt that day. I used to pass with flying colors during my schooling. I used to have my head in the clouds that no one could beat me in anything. Local public club organised a declamation contest. It was like a piece of cake for me. Because of being egoistic, I announced that I would be the winner. I did not find it necessary to put any effort to prepare myself for the day. I kept walking on air. It was time of my turn. I was on the stage with mike in front of me. I got a topic to speak on. I went blank, I got no idea to speak, my tongue got tied. my own ego defeated me.

Know The Meaning

Pride hath a fall - Do not be proud
Pass with flying colors - get excellent result
Head in the clouds - Living in a fantasy
Walking on air - to feel good or confident
Tongue got tied - went silent

चीन की विशाल दीवार बनाने की शुरुआत ईसा पूर्व पांचवीं शताब्दी से हुई, जो 16वीं शताब्दी तक चली। इस दीवार की एक खास बात है कि इसे बनवाने की

कल्पना चीन के पहले सम्राट किन शी हुआंग ने की, लेकिन उसके सैकड़ों साल बाद इसका निर्माण कार्य आरंभ हुआ। चीन की विशाल दीवार को दुश्मनों से देश की रक्षा के लिए बनाया गया लेकिन बाद में लोगो ने इसका इस्तेमाल परिवहन और सामान को एक जगह से दूसरी जगह पर पहुँचाने के लिए किया|

started, continued, imagined, started, was constructed, used

The construction work of the Great Wall of China started in fifteen century before Christ which continued till sixteen century. One important thing about the wall is that the first emperor of China Kin-se-huang imagined to get it constructed. But its construction work started after hundred of years. The Great Wall of China was constructed to save the country from enemies but later people used it for transportation and transport goods from one place to other.

मैंने ज़ैनी को उस समय अपनाया जब वह बीस दिन का छोटा बच्चा था | मेरे मित्र की पालतू कुतिया ने पांच पिल्लो को जन्म दिया | वह उन्हें बेचना चाहता था ताकि वे बच्चे सुरक्षित हाथो में पले | उसने मुझे उन्हें देखने के लिए आमंत्रित किया| जब मैने उन्हें देखा, मुझे सभी बहुत सूंदर लगे परन्तु काले रंग के पिल्ले से मुझे एक ही नज़र में प्यार हो गया | मैंने उसे गोद में उठा लिया और उसकी कोमल त्वचा को सहलाया | उसने मेरे हाथ को अपनी नन्ही जुबां से चाटा और मेरे आँखों में देखा | मै उसे घर ले आया | मेरे माता पिता उसे देखकर खुश हुए और हमने उस नन्ही सी जान को अपनाने का फैसला लिया |

Speak English - 28

I adopted Zanny when he was twenty days old puppy. My friend's pet bitch gave birth to five puppies. He wanted to sell them so that the little ones grow up in safe hands. He invited me to see them. When I saw them, I found all of them very cute. But I fell in love with a pup of black color at first sight. I took him in my lap and caressed his soft skin. He licked my hands with his little tongue and looked into my eyes. I brought him home. My parents felt delighted to see them and we decided to adopt the little life.

पचास साल पहले नील आर्मस्ट्रॉन्ग और बज एल्ड्रिन ने चांद के लिए एक रोमांचक सफर की शुरुआत की और **20 जुलाई 1969** को चांद की सतह पर कदम रखे। लेकिन आंखों में ढेरों सपने लिए और अरबों लोगों की जिम्मेदारी अपने कंधों पर ढोते हुए नील आर्मस्ट्रॉन्ग और बल एल्ड्रिनने **16 जुलाई** को अपना सफर शुरू किया। नासा के अंतरिक्षयान अपोलो **11** में खूब सारा ईंधन भरा गया और उसने अपनी उड़ान भरी। नासा ने पृथ्वी पर तीन एंटेना लगाए। एक स्पेन, एक ऑस्ट्रेलिया और एक कैलिफॉर्निया में और धरती पर मौजूद टीम ने नील और बज को देखा और उनका मार्गदर्शक किया।

started, stepped, started, was filled, took flight, erected, watched, guided

Speak English - 29

Neil Armstrong and Buzz Aldrin started an adventurous journey to the moon about fifty years ago and they stepped on the surface of moon on 20th July 1969. Neil Armstrong and Buzz Aldrin started their journey on 16th July with a lot of dreams in eyes and shouldering the responsibility of millions of people. A lot of fuel was filled in NASA spaceship Apolo 11 and it took its flight. NASA erected three antennas on the earth in Spain, Australia and California. The team present on the ground watched Neil and Buzz and guided them.

Share this information with someone for speaking Practice.

मेरा स्कुल घर के पास ही था | पर मेरे माता पिता ने मेरी लिए स्कुल बस का इंतजाम किया | स्कुल शुरू होने का समय था सुबह नौ बजे पर बस मुझे सुबह सात बजे घर से ले लेती थी | स्कुल जाना एक बड़ा प्रोजेक्ट बन गया |

सात बजे तक तैयार होने के लिए माँ मुझे छ: बजे ही उठा देती और स्कुल शुरू होने की दो घंटे पहले ही मुझे घर से बिदा कर देती | ऐसा कुछ दिन चला | एक दिन दादाजी ने बस को हटा दिया और सवयं मुझे स्कुल छोड़ने जाने लगे | दादाजी के साथ रोज स्कूटर पर स्कुल जाना मेरी लिए पिकनिक था और सब से बड़ी बात अब मुझे सुबह इतनी जल्दी उठने की जरुरत भी नहीं थी | मेरे बचपन की यादें मेरे दादाजी की यादो के बिना अधूरी है |

My school was near to my house. But my parents arranged a school bus for me. The starting time of the school was nine but the bus would pick me up at seven. Going to school became a project. My mother would wake me up at six to make me ready by seven and would depart me two hours before the school started. It went like this for a few days. One day my grand father discontinued the bus service and started going to school to drop me there. Going to school on scooter with my grandfather was like a picnic for me and the most important thing is that now I need not wake up early. The memories of my childhood are incomplete without the memories of my grandfather.

माँ मछली अपने बच्चे को सिखाना चाहती थी कि आस-पास के खतरों से खुद को कैसे बचाया जाए और अपना भोजन कैसे खोजा जाए। उसने अपने बच्चे को चेतावनी दी कि वह कभी भी मनुष्यो द्वारा दी गई कोई भी चीज़ न खाए क्योंकि यह उसे फँसाने और बाहर खींचने के लिए चारा हो सकता है। कई बार उन्होंने अच्छा खाना गिरते हुए देखा और हर बार माँ ने छोटे बच्चे को याद दिलाया कि वह लालच में न आए। एक दिन जब माँ आसपास नहीं थी, तो मछली के बच्चे ने भोजन गिरते हुए देखा और उसने उसे अपने मुँह में डाल लिया। उसे यह अलग और स्वादिष्ट लगा| वह अपनी माँ की सलाह के बारे में सब भूल गई और अक्सर उसे निगलने लगी। असलियत उस दिन सामने आई, जब वह एक शिकारी का शिकार बन गई। उस कांटे ने उसे मानव संसार के दर्शन कराये। बेचारी मछली पानी से बाहर निकलते ही मर गई।

Speak English - 31

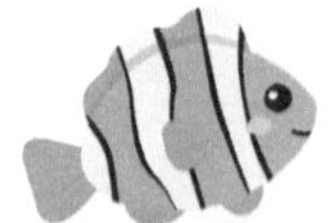

The mother fish wanted to teach her baby fish how to save herself from the dangers around and how to search her meal. She warned her child never to eat anything given by men as it could be a bait to hook her and pull her out. Many times they saw good food dropping in and every time mother reminded the little one not to get tempted. One day when mother was not around, the baby fish saw the food dropping in the river and she put it in her mouth. She found it different and tasty. She forgot all about her mother's advice and started gulping it quite often. The reality dawned one day when she became the victim of a hunter. The hook made her see the human world. The poor fish died no sooner she went out of water.

कहा जाता है जहां एक प्यार करने वाला पालतू पशु इंतजार करता है, वह घर कभी सूना नहीं हो सकता | जॉय के सब से प्यारे दोस्त के पिताजी का तबादला दूसरे शहर में हो गया | उसकी बिदाई के समय दोनों दोस्त भावुक हो गये | जॉय टूटे दिल से घर पंहुचा की अब उसके साथ खेलने की लिए कोई दोस्त नहीं है | जैसे ही उसने अपने घर का दरवाजा खोला, उसका पालतू कुत्ता दौड़ कर उससे मिलने पहुंचा और उसके पाँव में लौटने लगा | वह ख़ुशी से अपनी दुम हिलाने लगा और इधर उधर उछलकूद करने लगा | जॉय अपने दोस्त से बिछड़ने के गम भूल गया और अपने बेजुबान दोस्त के साथ खेलने लगा | जॉय के आँखों में आंसू थे की उसका एक दोस्त है घर पर जो हमेशा उस का इंतजार करता है |

Speak English - 32

It is said that where a loving pet waits, the house can never be lonely. Joy's best friend's father got transferred to some other city. Both the friends went emotional at the time of their departure.

Joy reached home broken-hearted as he had no friend to play with. As soon as he opened the door of his house, his pet dog rushed to meet him and started rolling in his feet. He started waging its tail and hopping here and there. Joy forgot the sorrow of separation with his friend and started playing with his silent friend. Joy had tears in his eyes that he had a friend at home who always waits for him.

साइकिल चलाना सीखना मेरे जीवन की अविस्मरणीय घटना है। मैं चार साल का था जब मेरी ऑन्टी ने मुझे एक साइकिल उपहार में दी | मैं तब तक साइकिल खींचता रहा जब तक मेरे पिता मुझे कौशल सिखाने के लिए पास के मैदान में नहीं ले गए। उसने मुझे काठी पर बैठाया और पैडल चलाने को कहा। मैंने पैडल चलाया और यह एक अच्छा प्रवाह था। लेकिन वजह ये थी कि मेरे पापा ने पीछे से साइकिल पकड़ रखी थी | जब मैंने खुद को संतुलित करने की कोशिश की तो मैं गिर गया और मेरे घुटने में चोट लग गई। मेरे पिता ने मुझे रोने का बिल्कुल भी समय नहीं दिया, उन्होंने मुझसे दोबारा प्रयास करने को कहा और कुछ असफल प्रयासों के बाद मैंने देखा कि मैं हैंडल को कसकर पकड़ने में सक्षम था और दोनों पहियों पर उड़ान कमाल की थी |

unforgetable, skill, saddle, balance, knee, unseccessful attempts, capable, awesome

Learning how to ride a cycle is unforgettable incident of my life. I was four years old when my aunt gifted me a cycle. I kept dragging the cycle till my father took me to the nearby ground to teach me the skill. He made me sit on the saddle and asked me to paddle. I paddled and it was a fine flow. But the reason was that my father was holding the cycle from behind. When I tried to balance myself, I fell down and got my knee injured. My father did not give me any time to cry, he asked me try again and after a few unsuccessful attempts I saw I was able to hold the handle tight and the flight on the two wheels was awesome.

बहाने बनाने की मेरी आदत मुझ पर भारी पड़ी। मैं घर पर काम करने या न करने की कहानियाँ बनाता था। अगर माँ मुझसे अपना कमरा व्यवस्थित करने को कहती तो मैं थकने का बहाना बना देता। अगर मैं अपने पिता की बाइक चलाना चाहता, तो मैं अपनी कक्षा के लिए देर होने का झूठ बोलता। मैच में हमारी हार निश्चित थी| मैं नहीं चाहता था कि मेरा नाम दोष सूची में हो| मैंने उस दिन यह बहाना बनाकर बल्लेबाजी करना छोड़ दिया कि मेरे हाथ में दर्द है। बाद में मुझे पता चला कि हमारी टीम ने मैच जीत लिया और फाइनल के लिए चयनित हो गयी| अस्वस्थ होने के कारण मेरा नाम टीम से काट दिया गया।

hung heavy, cook stories, make excuse, skipped, got selected, was stricken off

My habit of making excuses hung heavy on me. I used to cook stories for doing or not doing things at home. If mother asked me to arrange my room, I would make excuse of being tired. If I wanted to drive my father's bike, I would lie of getting late for my class. Our defeat in the match was sure. I did not want my name to be in the blame list. I Skipped batting that day with the excuse that there was pain in my hand. Later I came to know that our team won the match and got selected for the final. My name was stricken off from the team for being unwell.

Talk about an excuse that you used to make in your young days.

मुझे हमारे देश के महानायक की ऑटो बायोग्राफी पढ़ने का मौका मिला। इनका नाम है रतन टाटा| उनके जीवन की शुरुआत से लेकर संघर्ष और सफलता तक की पूरी  कहानी पढ़ने के बाद मुझे एहसास हुआ कि महान लोग अलग नहीं होते बल्कि वे चीजों को अलग तरीके से करते हैं। वे अपने लिए नहीं बल्कि अपने लाखों साथियों के लिए सपने देखते हैं। रतन जी टाटा ने न सिर्फ सपने देखे बल्कि उन सबको हकीकत में भी बदला।

भारत में सबसे सस्ती और किफायती कार को लॉन्च करना ही रतन टाटा का सपना था। विस्तार से जाने तो रतन टाटा भारत के नागरिकों के लिए सबसे सस्ती, बेहतरीन और किफायती गाड़ी को बाजार में पेश करना चाहते थे और उन्होंने अपने इस सपने को जल्द ही साकार करके दुनिया में अपनी काबलियत को साबित भी किया।

I got a chance to read the auto biography of the legend of our country. His name is Ratan Tata. After reading the whole story of his life from a start to struggle to success, I realized that great men are not different but they do things differently. They dream not for themselves but for millions of their fellow beings. Ratan ji Tata not only dreamt but also translated them all in reality. It was Ratan Tata's dream to launch the cheapest and most affordable car in India. Going in detail, Ratan Tata wanted to introduce the cheapest, best and economical vehicle in the market for the citizens of India and he proved his ability to the world by realizing his dream soon.

राजकुमार सिद्धार्थ का बचपन बहुत अलौकिक था | राजा का बेटा होने के कारण उनके पास दुनिया के सभी ऐशोआराम थे | पर उन्होंने कभी दुनियावी चीजों में अपनी रूचि नहीं दिखाई | बसंत ऋतू का समय था | कुदरत की सुंदरता अपने चर्म सीमा पर थी | राजा ने अपने सेवको को आदेश दिया की राजकुमार को शहर की सैर करवायो और दिखायो दुनिया कितनी सूंदर है | सिद्धार्थ अपनी राजधानी की सैर पर निकने | अभी व कुछ ही दूर गए थे की उन्होंने एक सड़क पर एक आदमी देखा जिसका शरीर बहुत कमजोर था | उसके लिए एक कदम चलना भी कठिन था | सिदार्थ को पता चला की यह बुढ़ापे की अवस्था है जिसमे हर व्यक्ति अपनी सुंदरता और शक्ति खो देता है | जीवन की ऐसी सच्चाइयो ने राजकुमार सिद्धार्थ को गौतम बुध बना दिया |

The childhood of prince Sidharth was quite divine. Being a son of a king, he had all the luxuries of the world. But he never showed his interest in the worldly possessions. It was a time of spring. The beauty of nature was in its full bloom. The king ordered his men to take the prince round the city and make him see how beautiful the world is. Sidharth set out on the visit to his kingdom. Hardly had they gone a little far when he saw a man on the road who had feeble body. He found it difficult even to take a step. Sidharth came to know that it was a stage of old age in which every person lose his strength and beauty. These realities of life turned prince Sidharth into Gautam Budha.

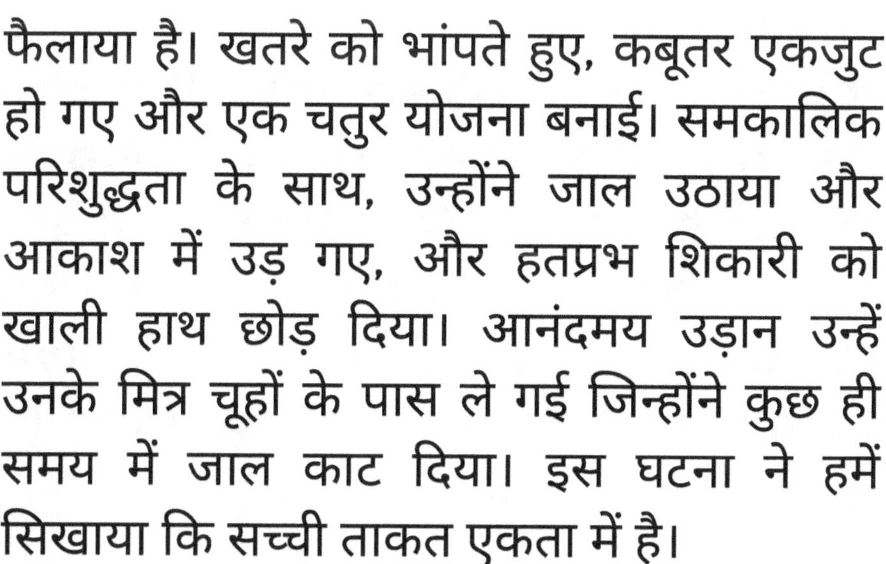

एक बार एक झुंड में कुछ भूखे कबूतर कुछ अनाज के लालच में आ गए। उन्हें इस बात का अंदाजा नहीं था कि किसी शिकारी ने उन्हें जाल में फंसाने के लिए चारा फैलाया है। खतरे को भांपते हुए, कबूतर एकजुट हो गए और एक चतुर योजना बनाई। समकालिक परिशुद्धता के साथ, उन्होंने जाल उठाया और आकाश में उड़ गए, और हतप्रभ शिकारी को खाली हाथ छोड़ दिया। आनंदमय उड़ान उन्हें उनके मित्र चूहों के पास ले गई जिन्होंने कुछ ही समय में जाल काट दिया। इस घटना ने हमें सिखाया कि सच्ची ताकत एकता में है।

"एकता में बल है।"

Once a flock few hungry pigeons got tempted by some food grains. They did not have the idea that the feed was spread by a hunter to catch them in a net. Recognizing the danger, the pigeons united, devising a clever plan. With synchronized precision, they lifted the net and soared into the sky, leaving the bewildered hunter empty-handed. The blissful flight took them to their friend mice who cut the net in no time. The incident taught us that true strength lies in unity.

एक बार, एक जिज्ञासु बच्चे की नजर धूल भरी पुरानी किताब पर पड़ी। पहले तो संदेह हुआ, उन्होंने इसे खोला और कहानियों की जादुई दुनिया देखकर आश्चर्यचकित हो गए।

एक जादुई बगीचे में, एक राजसी गुलाब अपनी जीवंत पंखुड़ियों पर गर्व करते हुए खड़ा था जो अछूती लग रही थीं। हालाँकि, एक भयंकर तूफ़ान के दौरान, गुलाब का अहंकार उसके स्वयं के पतन का कारण बना। तेज़ हवाओं के थपेड़ों के कारण, उसके अपने ही कांटों ने उसकी नाजुक पत्तियों पर घाव कर दिया, जिससे एक समय गौरवान्वित रहने वाला फूल नम्र हो गया।

प्रत्येक कहानी उसके लिए एक नया सबक लेकर आई और उसे एक विद्वान लड़का बना दिया। उस दिन से, बच्चे को एहसास हुआ कि किताबें पढ़ना सिर्फ एक काम नहीं है बल्कि एक आनंदमय यात्रा है, जो हर पल को ज्ञान और मनोरंजन का खजाना बनाती है।

Once, a curious child noticed a dusty old book. Skeptical at first, he opened it and was amazed to see the magical world of stories.

In a magical garden, a majestic rose stood tall, proud of its vibrant petals that seemed untouchable. However, during a fierce storm, the rose's arrogance led to its own downfall. Buffeted by the heavy winds, its own thorn inflicted wounds upon its delicate leaves, humbling the once-proud flower.

Each story brought a new lesson to him and made him a learned boy. From that day on, the child realized that reading books is not just a chore but a joyful journey, making every moment a treasure trove of knowledge and entertainment.

TENSE CHART

FUTURE

गा, गी, गे |
Will/Shall + 1stv
(-) will/shall not + 1stv
(?) Will/Shall + subject + 1stv
Will/Shall : I & We

रहा होगा, रही होगी, रहे होगें|
will/shall + be + 1stv+ing
(-) will/shall not be +1stv+ing
(?) Will/Shall + subject + be + 1stv+ing

चुका होगा, गया होगा, दिया होगा, हुआ होगा, जीता होगा|
will/shall + have + 3rdv
(-) will/shall + not have + 3rdv
(?) Will/Shall + subject + have + 3rdv

Time + रहा होगा, रही होगी, रहे होगें|
will/shall + have been + 1stv+ing
(-) will/shall not have been + 1stv+ing
(?) Will/Shall + subject + have been + 1stv+ing
Use of 'Since' or 'For'

PRESENT

ता है, ती है, ते हैं |
1st verb form
(-) Do not / does not + 1stv
(?) Do/Does + Subject + 1stv
Use of 's' or 'es ' with verb with he, she, it / single subjects

रहा है | रही है | रहे है |
is, am, are + 1stv + ing
(-) is/am/are + not + 1stv + ing
(?) Is/Am/Are + subject + 1stv

चुका है, गया है, दिया है, हुआ है ,जीता है|
Has/Have + 3rdv
(-) has/have + not + 3rdv
(?) Has/Have + subject + 3rdv
Has : He, She, It (Single subjects)
Have : I, You & plural subjects

Time + रहा है, रही है, रहे है|
has/have + been + 1stv+ing
(-) has/have + not +been + 1stv+ing
(?) has/have + subject + been + 1stv+ing
Use of 'Since' or 'For'

PAST

INDEFINITE

आ, ई, ए
2nd Verb
(-) did not + 1stv
(?) Did + Subject + 1stv ?

CONTINUOUS

रहा था रही थी रहे थे |
was/were + 1stv + ing
(-) was/were + not + 1stv + ing
(?) Was/Were + subject + 1stv + ing

PERFECT

चुका था, गया था, दिया था, हुआ था, जीता था |
had + 3rdv
(-) had not + 3rdv
(?) Had + subject + 3rdv

PERFECT CONTINUOUS

Time + रहा था, रही थी, रहे थे|
had been + 1stv+ing
(-) had not been + 1stv+ing
(?) Had + subject + been + 1stv+ing
Use of 'Since' or 'For'

Tenses Are My Teacher

Message Of Thanks

Dear Reader,

Thank you for completing the practice book. I trust that the exercises were beneficial and you now possess a solid grasp of the **Past Indefinite Tense.**

Mastering this tense opens up numerous possibilities for effective English communication. Engaging with other tenses in practice will undoubtedly enhance your language skills. Tenses serve as your guides, teaching you the nuances of English speech!

Continuing with the next volumes will contribute to your fluency in English conversation. Your feedback on the book is valuable and welcomed.

Looking forward to seeing you in the upcoming volume!

AMRITASHAAN

Make Your Notes

Make Your Notes

Make Your Notes

www.ingramcontent.com/pod-product-compliance
Lightning Source LLC
Chambersburg PA
CBHW020729160726
47993CB00006B/2402